똑똑교양 9

오늘 먹은 바나나의 탄소 발자국은? : 지구를 위해 꼭 알아야 할 이동의 모든 것

글 죙케 칼젠 | 그림 레나 슈테핑거 | 옮김 박종대

초판 1쇄 인쇄 2024년 4월 26일 | 초판 1쇄 발행 2024년 5월 10일 | ISBN 979-11-5836-462-5, 979-11-5836-206-5(세트)

펴낸이 임선희 | **펴낸곳** ㈜책읽는곰 | **출판등록** 제2017-000301호 | **주소** 서울 마포구 성지길 48 | **전화** 02-332-2672~3
팩스 02-338-2672 | **홈페이지** www.bearbooks.co.kr | **전자우편** bear@bearbooks.co.kr | **SNS** Instagram@bearbooks_publishers
만든이 우지영, 우진영, 박세미, 김선현, 이다정, 최아라, 박혜진, 윤주영, 홍은채 | **꾸민이** 디자인서가, 김지은, 김아미, 이설
가꾸는이 정승호, 고성림, 민유리, 배현석, 김선아, 백경희
함께하는곳 이피에스, 두성피앤엘, 월드페이퍼, 해인문화사, 원방드라이보드, 으뜸래핑, 도서유통 천리마

ALLES IN BEWEGUNG. Wie wir von A nach B und die Dinge zu uns kommen
by Söhnke Callsen with illustrations by Lena Steffinger
ⓒ 2022 Beltz & Gelberg, in the publishing group Beltz- Weinheim Basel
Korean Translation ⓒ 2024 by Bear Books Inc.
All rights reserved.
The Korean language edition published by arrangement with
Julius Beltz GmbH&Co. KG through MOMO Agency, Seoul.

이 책의 한국어판 저작권은 모모 에이전시를 통해 Julius Beltz GmbH&Co. KG 사와 독점 계약한 ㈜책읽는곰에 있습니다.
저작권법에 의해 한국 내에서 보호를 받는 저작물이므로 무단 전재와 무단 복제를 금합니다.

지구를 위해 꼭 알아야 할 이동의 모든 것

오늘 먹은 바나나의 탄소 발자국은?

죈케 칼젠 글 | 레나 슈테핑거 그림 | 박종대 옮김

우리는 끊임없이 움직여.

아침에 눈을 뜨는 순간부터 말이야. 처음엔 누워서 발가락을 꼼지락거리다가, 다리로 이불을 젖히고 침대에서 내려서지. 일어나서 맨 먼저 가는 곳은 욕실이고, 그다음은 식탁이야.

자, 이제 제대로 움직여 볼까? 우리는 걸어서 학교에 갈 때가 많아. 어떤 친구는 엄마 아빠가 차로 데려다주기도 하고, 자전거나 버스, 지하철을 타고 다니는 친구도 있어.

학교를 마친 오후에는 친구들이랑 자전거를
타고 놀이터에 가기도 해. 킥보드나
스케이트보드, 인라인스케이트를 타고
놀기도 하지.

저녁쯤엔 강아지랑 산책하러 나갈
수도 있겠지. 아니면 심부름으로
쓰레기를 버리러 밖으로 나갈
수도 있고 말이야.

우리는 왜 이렇게 많이 움직이는 걸까?

한곳에서 다른 곳으로 가려고 하기 때문이야. 되도록 빨리 말이지.
집에서 학교나 회사로 가기도 하고, 영화관이나 체육관에 갈 때도 있어. 때로는 도시를 벗어나 자연으로 나가기도 하지.
한국에 사는 사람들의 하루 평균 이동 거리는 38킬로미터쯤이래.

우와, 마라톤 코스만큼 기네!

이렇게 우리는 무척 활동적이야. 활동을 영어로 모빌(mobile)이라고 하는데, '움직인다'는 뜻이야.

대도시에 사는 사람들은 대중교통을 주로 이용해. 자전거를 타는 사람도 점점 늘어나고 있어. 왜냐고? 대도시에서는 도로가 자주 막혀서 차를 타고 가는 게 오히려 느릴 때가 많거든. 신호등 빨간불에 걸려서 멈추기도 하고 말이야. 게다가 주차할 곳을 찾는 데도 시간이 오래 걸려. 한국에 있는 모든 자동차가 하루 동안 움직인 거리를 합치면 10억 킬로미터가 넘는다고 해.

작은 도시나 시골에서는 자동차를 많이 타고 다녀. 대도시보다 버스 같은 대중교통이 적고 자주 다니지 않거든. 걸어 다니기에는 학교나 시장이 너무 멀어서 불편할 때가 많아.

우리는 차를 타고 움직일 때가 많아.

한국의 인구는 5천1백만 명이야. 1인 가구부터 5인 이상 가구까지 전부 합치면 2천1백만 가구가 있는데, 평균적으로 가구당 자동차가 한 대 넘게 있대.

왜 집집마다 차가 한 대 넘게 있어야 하지?

우린 시골에 사는데, 둘 다 회사가 멀리 떨어져 있어.

밤늦게 혼자 집에 돌아오려면 차가 필요해.

난 회사 셔틀버스를 타고 출퇴근해.

퇴근길에 아이도 데려오고 장 본 물건을 집까지 가져오려면 차가 있어야 해.

난 대중교통이 잘 갖춰진 대도시에 살아서 차가 필요 없어.

사람들이 휴가 갈 때 가장 자주 이용하는 교통수단은 자동차야.
여러모로 편리하거든. 언제든 출발할 수 있고, 어디든 갈 수 있고,
짐도 필요한 만큼 실을 수 있으니까.

저기 봐, 젖소야!

나도 앞에 앉고 싶어!

왜 우리가 어디 갈 때만 꼭 길이 막히지?

빨리 가야 하는데!

비행기를 이용하는 사람도 많아. 먼 거리를 아주 빨리 갈 수 있거든. 고속버스나 기차를 타고 휴가 가는 사람도 있어. 중국처럼 땅이 넓은 나라에는 침대 달린 기차가 있대. 여러 나라가 육로로 이어진 유럽도 그렇고 말이야.

환경을 생각한다면 비행기보다 고속버스나 기차를 타는 게 훨씬 좋아.
비행기가 배출하는 이산화탄소는 버스의 네 배, 기차의 스무 배나 되거든.

내일 아침이면 도착해 있을 거야!

대형 마트에는 멀리서 온 식료품이 많아.

비행기나 화물선으로 들여온 것들이지. 우리나라와는 다른 기후 조건에서 잘 자라는 바나나, 코코넛, 망고 같은 달콤한 과일들이 그래. 우리나라에서는 잘 나지 않는데도 굳이 먹으려는 사람이 있으니까 멀리서 수입해 오는 거야.

이탈리아
필리핀
멕시코
이웃 마을
폴란드

독일 같은 나라에서는 딸기가 따뜻한 계절에만 나온대. 하지만 겨울에도 신선한 딸기를 먹고 싶어 하는 사람들이 많지. 그래서 남유럽이나 북아프리카같이 따뜻한 지역에서 나는 딸기를 수입한다고 해.

우리 밭에서 난 딸기가 맛도 좋고 환경에도 좋아.

어떤 물건은 외국에서 만든 것이 훨씬 싸. 생산 원가가 낮거든. 그 나라 노동자들은 그만큼 돈을 적게 벌어. 우리가 사는 옷 중에는 임금이 낮은 중국이나 동남아시아에서 생산한 것이 많아.

이런 일이 잘못되었다고 말하는 사람들도 있어. 다른 나라에 물건을 싸게 공급하느라, 몇몇 나라 노동자들이 형편없는 환경에서 일하고 가난하게 살아야 한다는 거지. 그들은 노동자들이 더 나은 환경에서 지낼 수만 있다면 옷을 더 비싸게 살 생각도 있다고 해.

난 옷을 살 때 정당한 임금을 치르고 만든 옷인지 확인해 주는 공정 무역 마크가 있는지 살펴봐.

우리가 먹는 바나나는
주로 콜롬비아나 필리핀
같은 열대 우림
기후대에서 자라.

바나나 공장의 노동자들은 바나나가 초록빛을 띨 때
수확해서 상자에 담아 항구로 보내. 항구에 모인 수많은
바나나는 컨테이너에 실려 다른 나라로 수출되지.

2주 뒤쯤 이 배는 항구에 도착해.

여행은 아직 끝나지 않았어. 이제 바나나는 화물차에 실려 후숙 시설로 가.

바나나는 후숙 시설에서 짧으면 닷새, 길면 일주일 동안 노릇노릇 익어 가. 바나나를 빨리 익히려고 특별한 가스를 주입하기도 하지.

그런 뒤에야 바나나는 마지막 여행을 해. 슈퍼마켓을 거쳐 우리에게 오는 거야.

**때때로 사람들은 짐을 모두
싸 이사하기도 해.**

가구와 살림살이, 책, 화분 따위를
모두 트럭에 싣고 새집으로 가는
거야. 사람들은 평생 네다섯 번쯤
이사한다고 해. 가장 큰 이유는 가족
때문이야. 가족들이 조금 더 나은
환경에서 살았으면 하는 거지.

좁은 집에서 더 넓은 집으로 옮겨 가기도 하고,
엄마 아빠의 직장에서 가까운 동네로 옮겨 가기도 해.
교통이 편리하거나 편의 시설이 잘 갖춰진
동네로 이사하기도 하지.

옛집을 떠나는 걸 힘들어하는 사람도 있어. 정든 친구와 학교, 익숙한 거리와 멀어지는 게 못내 아쉬운 거지. 그래서 많은 사람이 옛집과 그리 멀지 않은 곳으로 이사하는 건지도 몰라. 사람들은 대부분 오랫동안 살아온 마을, 도시, 나라를 떠나고 싶어 하지 않거든.

하지만 이사는 설레는 일이기도 해. 마음에 쏙 들게 꾸민 내 방이 생길 수도 있으니까. 학교 가는 길이 가까워질 수도 있고 말이야. 어쩌면 새집 가까이에 근사한 놀이터가 있을 수도 있지. 그리고 새 동네에도 분명 가깝게 지낼 상냥한 사람들이 많을 거야.

우리가 한곳에서 다른 곳으로 가려고 움직이는 것만은 아니야. '움직임'으로 더 많은 걸 할 수 있어.

움직이면 재미있어.

좋아하는 음악에 맞춰 춤춰 본 적 있어? 옆으로 재주넘거나 풀밭에서 굴러 본 적은? 놀이공원에 가면 범퍼카를 타고 정신없이 방향을 틀거나, 롤러코스터를 타고 공중에서 빙빙 돌기도 하잖아.

움직이면 튼튼해져.

축구, 농구, 테니스, 수영 같은 여러 운동을 하면 근육이 단련돼서 관절을 보호할 수 있어. 자세도 발라지고 말이야.

움직이면 건강해져.

운동을 하면 몸에 면역 세포가 더 많이 생겨.
면역 세포는 바이러스나 박테리아같이 해로운
침입자를 물리쳐 줘.

움직이면 행복해져.

많이 움직일수록 몸에서 호르몬이 분비돼.
그중에서도 눈에 띄는 건 엔도르핀이야.
행복 호르몬이라고 하는데,
우리를 기분 좋게 해 줘.

움직이면 똑똑해져.

운동을 하면 뇌의 혈액순환이 빨라져서, 뇌 속의
여러 세포가 건강해지고 부지런히 움직이게 돼.
그러면 공부에 집중하는 데도 도움이 되지.

우리가 가만히 있어도 몸속은 바쁘게 움직이고 있어.

이를테면 심장! 심장은 주기적으로 수축해서 몸 전체에 피를 보내. 심장은 튼튼한 근육이야. 어른의 심장은 1분에 약 70번, 어린이는 약 100번, 아기는 자그마치 140번이나 뛰어.

심장은 우심실과 좌심실, 두 개의 심실로 나뉘어 있어. 좌심실은 산소를 가득 품은 피를 힘찬 박동과 함께 큰 혈관인 대동맥으로 보내.

피는 대동맥에서 온몸 구석구석에 그물처럼 퍼져 있는 모세 혈관으로 흘러 들어가. 그리고 모세 혈관을 돌며 온몸에 산소를 공급해.

피가 폐로 들어가면, 우리는 숨을 뱉어 이산화탄소를 몸 밖으로 내보내. 그다음 숨을 들이마시면 새로운 산소가 혈액으로 들어가.

산소 공급을 마친 피는 정맥을 통해 우심실로 돌아가. 이산화탄소와 갖가지 노폐물도 함께 가져가지.

몸속의 식도와 위, 창자도 끊임없이 움직여. 가족의 배에 귀를 대 봐. 꾸르륵거리는 소리가 들리지? 지금 몸속에서 음식이 소화되고 있다는 뜻이야.

음식을 이로 잘게 부수면, 침이 부드럽고 걸쭉한 덩어리로 만들어 줘.

걸쭉해진 음식은 식도를 타고 위 속으로 미끄러져 내려가.

음식은 위에서 세 시간쯤 머물러. 그동안 위산이 음식을 분해하고 해로운 세균을 없애 주지.

소장에서는 영양분 흡수가 이뤄져. 보통 네 시간에서 여덟 시간쯤 걸리지. 영양분은 소장 속 융모를 통해 모세 혈관으로 들어가.

대장에서는 소장을 통과한 음식물에서 수분과 칼슘, 나트륨, 마그네슘 같은 무기질이 흡수돼.

남은 찌꺼기는 대변으로 바뀌어 항문으로 나와. 음식이 입에서 항문으로 나가기까지 짧게는 열 시간, 길게는 며칠이 걸릴 수 있어.

우리의 움직임을 조종하는 건 바로 뇌야.

나무에 오르든, 춤을 추든, 골문으로 공을 차든 말이야.

감각 기관에서 들어온 신호를 처리하고 결정을 내리는 곳이야. 방금 결정했어! 골문으로 슛을 날릴 거야.

모든 정보는 운동 피질에 전달된 뒤, 큰 신경 통로와 작은 신경 통로를 거쳐 온몸에 퍼져. 그러면 근육이 활성화되면서 움직이는 거야. 이렇게…… 뻥!

감각 기관이 모든 준비가 끝났다고 하면, 소뇌는 다리와 발 근육이 협력해서 효과적으로 움직일 수 있게 해. 그리고 공을 찰 때 중심을 잃지 않고 자세를 유지하도록 돕지.

운동 피질

대뇌

소뇌

골키퍼가 방금 뭐라고 소리친 것 같은데.

골키퍼는 어디 있지?

우리가 움직이고 있을 때도, 뇌는 감각 기관이나 근육이 잘 움직이는지 수시로 확인해. 골키퍼가 마지막에 뭐라고 했지? 멈추라고? 공이 생각보다 더 옆으로 간 것 같은데. 다음엔 어느 쪽으로 차는 게 좋을까?

인터넷만 있으면 자리에 앉아서 전 세계를 여행할 수 있어.

우리가 보는 이미지는 인공위성이나 카메라를 단 자동차에서 찍은 거야. 덕분에 우리는 대륙과 국가, 그리고 도시를 내려다보고, 가상으로 낯선 곳을 가 보는 경험을 할 수 있어.

디지털 세계에서는 인간이 한 번도 발을 들여놓은 적 없는
화성을 여행하는 것도 가능해. 여러 해 전, 과학자들이
로봇을 실은 탐사차를 화성에 보내 놓았거든.

이 로봇은 화성을 돌아다니면서
다양한 각도로 사진을 찍어서
지구로 보내.

과학자들은 탐사 로봇이 보낸
사진을 정리해서 프로그램에
입력하지.

이 프로그램 덕분에 이제는
누구나 머나먼 행성의 모습을
인터넷으로 볼 수 있어.

우주에서도 모든 것이 끊임없이 움직여.

과학자들은 우주가 138억 년 전 빅뱅이라는 거대한 폭발로 만들어졌다고 생각해. 처음 생겨난 우주는 여러 입자가 빽빽이 모인 가스 구름이었어. 이 가스 구름은 점점 팽창하면서 차갑게 식었다가 작게 부서지기 시작했지. 그중 큰 가스 구름이 작은 가스 구름을 끌어당겨 한데 뭉치면서 은하가 생겨났어.

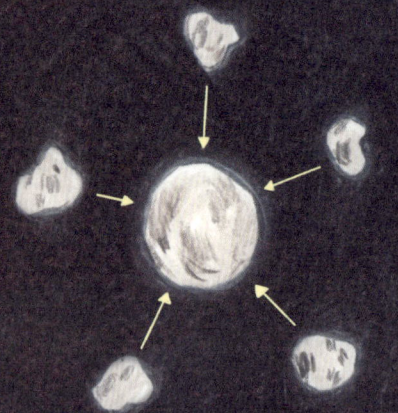

은하와 태양, 행성과 같은 천체는 이런 방식으로 수백만 년에 걸쳐 생겨났어. 그 기간에도 큰 덩어리들은 충돌을 거듭했지. 과학자들은 지구도 주변에 있는 우주 물질들을 끌어당겨 뭉치면서 생겨났을 거라고 추측해. 그러다 커다란 우주 바위들과 부딪친 충격으로 지금까지도 자전하고 있는 거래.

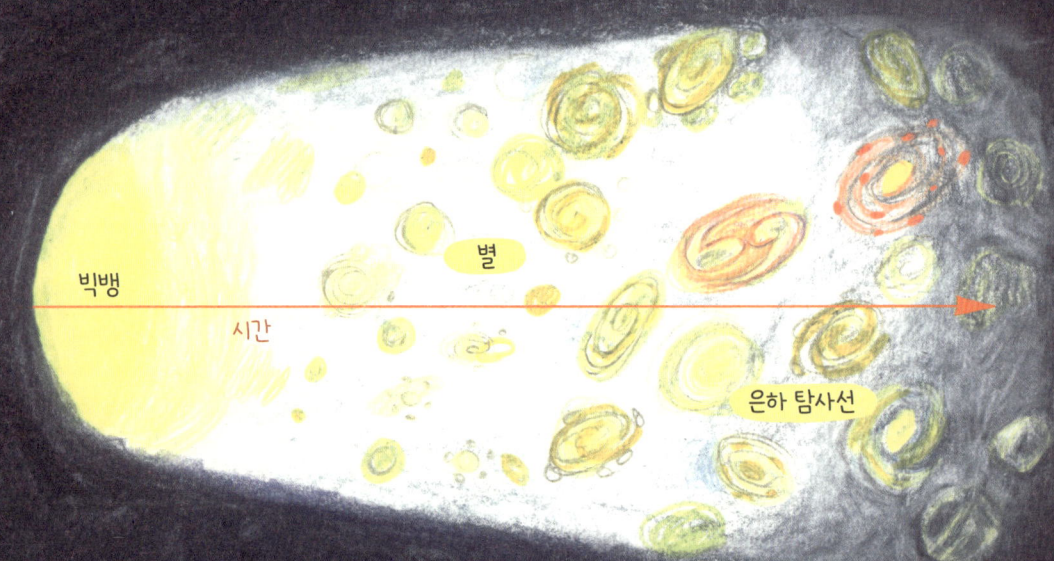

지구는 여전히 우주 물질을 끌어당기고 있어. 하지만 대부분은 너무 작아서 지구 대기권에 들어오자마자 타서 없어져. 이렇게 우주를 떠돌던 먼지가 지구 대기에 부딪혀 불타면서 빛을 내는 것을 별똥별이라고 해.

지구가 한 번 자전하는 데는 스물네 시간이
걸려. 지구에 낮과 밤이 있는 건 자전 때문이지.
어떨 때는 지구의 한쪽 절반에만 해가 비치고,
어떨 때는 다른 쪽 절반에만 비치거든.

나이로비

적도 쪽 자전 속도는
시속 약 1,670킬로미터야!

지구는 태양 주위를 빙글빙글 돌면서 자전해. 만약 태양의 인력이 없었다면
지구는 원심력 때문에 그대로 튕겨 나갔을 거야. 놀이공원의 회전 그네를
생각하면 쉽게 이해할 수 있어. 반대로 태양의 인력이 조금만 더 컸다면
지구는 그대로 끌려 들어갔겠지. 원심력과 인력이 절묘하게 균형을 이루고
있어서 지구가 공전 궤도를 벗어나지 않는 거야.

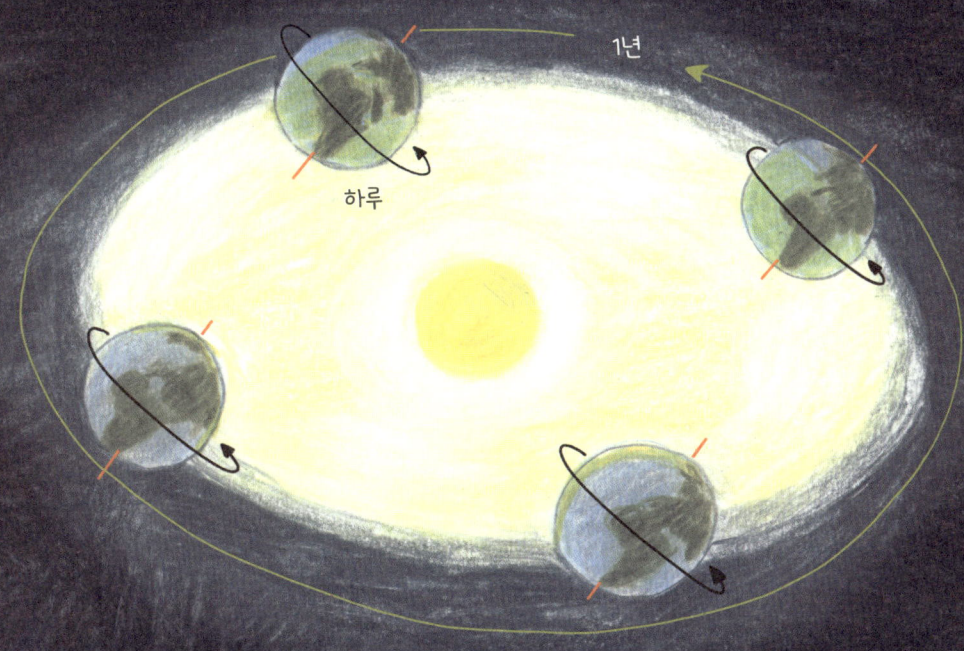

1년

하루

서해에 가면 밀물과 썰물의 움직임을 쉽게 관찰할 수 있어. 썰물 때면 바닷물이 뒤로 물러나 갯벌이 드러나고, 밀물 때면 바닷물이 밀려와 갯벌을 뒤덮지.

달이 인력으로 바닷물을 끌어당기면 밀물이 생겨. 달과 가까운 쪽 바다는 더 세게 당겨지지. 이때 해수면이 가장 높아지는 만조 현상이 일어나.

밀물

썰물

지구의 자전으로 생긴 원심력 때문에 달과 가장 멀리 떨어진 지구 반대편에서도 밀물이 생겨. 물이 가장 멀리 밀려난 부분이 두 번째 만조가 되지.

지구는 이 만조들 가운데에서 자전해. 그래서 지구 어딘가에서 번갈아 가며 물이 높아지거나 낮아지는 거야.

바다는 다른 힘들 때문에 움직이기도 해. 바람이 불거나 수온의 차이로 큰 해류가 생겨나기도 하고, 산에서 바다로 강물이 흘러가기도 해.

공기도 쉴 새 없이 움직여. 강한 바람이 불 때면 공기가
움직이는 걸 느낄 수 있어. 물가에선 다른 곳보다 바람이
더 자주 강하게 불어. 땅과 물의 온도가 다르기 때문이야.
둘 사이의 균형을 맞추느라 바람이 부는 거지.

태양이 땅을
데워.

따뜻하게 데워진 공기가 위로
올라가면서 공중의 기압이 높아져.

낮에는 바다가 육지보다
기온이 낮아. 바다 위 공기도
차가워져서 아래로 가라앉지.

공기 입자가 적어진
육지는 저기압이 돼.

공기 입자가 많아진
바다 위는 고기압이 돼.

공기는 기압이 높은 곳에서 낮은 곳으로 흘러가. 그래서
낮에는 바다에서 육지로 바람이 부는 거야.

해가 지면 육지가 바다보다 기온이 떨어져.
육지는 고기압이 되고, 바다는 저기압이 되지.
그래서 밤이 되면 육지에서 바다로 바람이 불어.
바람 덕분에 기압의 균형이 맞춰지는 거야.

우리 인간은 아주 오래전부터 자연의 힘을 이용해 왔어.

이를테면 바람의 힘으로 풍차를 돌리거나 물의 힘으로 물레방아를 돌려 곡식을 빻았지.

오늘날에는 풍력과 수력을 이용해서 전기를 만들어.
바람과 물의 힘으로 터빈을 돌리면, 발전기가 운동 에너지를
전기로 바꿔 가정과 자동차에 공급하는 거야.
이렇게 생산한 에너지를 저장할 수도 있어.

수력 발전의 과정을 한번 살펴보자.

댐에 물을 가둬.

저수지

물이 흐르면서 터빈을 돌려.

여과 장치

발전실

전기

발전기

터빈

터빈이 발전기를 돌리고, 발전기가 전기를 만들어 내.

강

수력, 풍력, 지열, 태양열 같은 것을
재생 가능 에너지라고 해. 아무리 써도 없어지지
않거든. 화석연료를 태울 때와 달리,
이산화탄소를 배출하지 않아서 청정에너지라고도 불러.

지구에는 수많은 생물이 살아.

동물들은 먹이를 구하거나 포식자를 피하거나 더 따뜻한 곳을 찾아 이동해. 빠르게 움직여 사냥하는 동물도 있어. 치타는 최고 시속이 120킬로미터나 돼. 고속도로를 달리는 자동차보다 빠르지. 세상에서 가장 빠른 새로 알려진 송골매는 땅에서 먹잇감을 발견하면 시속 320킬로미터로 허공을 가르며 내려가 낚아채.

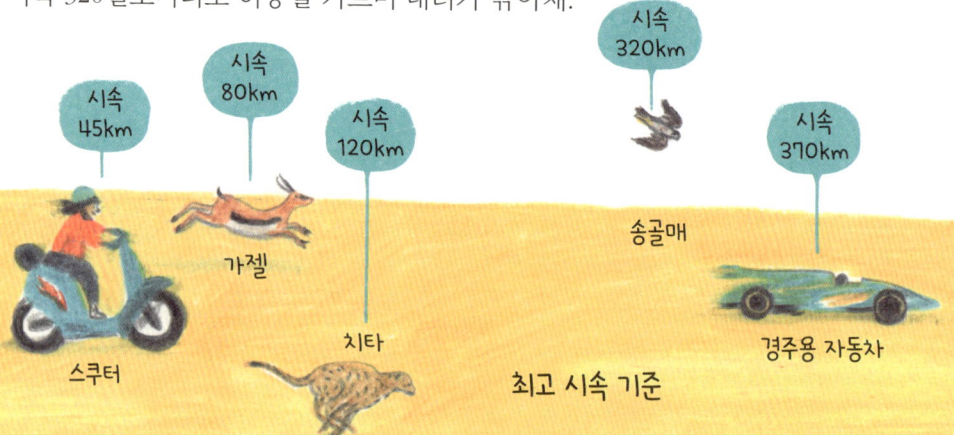

최고 시속 기준

오랜 시간, 움직이지 않는 동물도 있어. 악어는 물속에 몸을 숨긴 채 먹이를 노리지. 그러다 물을 마시러 온 동물을 눈 깜빡할 새에 덮쳐 버려.

나무늘보는 온종일 나무를 떠나지 않고, 아주 느리게 움직여. 나무를 탈 때도 기껏해야 1분에 1미터에서 2미터쯤 올라가지. 이렇게 에너지를 절약한 덕분에 눈앞에 있는 먹이만 먹고도 살아갈 수 있어.

사람만 멀리 여행을 떠나는 게 아니야. 몇몇 동물도 아주 먼 거리를 이동해. 유럽에 사는 홍부리황새는 가을에 수천 킬로미터를 날아서 아프리카로 내려가. 겨울에는 눈과 추위 때문에 먹이를 찾기 힘들거든. 따뜻한 봄이면 다시 북쪽으로 돌아가지.

유럽뱀장어도 먼 거리를 헤엄쳐 가. 하천이나 호수에 살던 유럽뱀장어는 알을 낳을 때가 되면 자기가 태어난 바다로 돌아가지. 미국 바하마 제도 동쪽의 사르가소해 말이야. 바다에서 부화한 어린 유럽뱀장어는 다시 유럽으로 머나먼 길을 떠나.

자세히 살펴보면 식물도 움직여.

햇빛을 따라 잎과 줄기를 움직이거든.

심지어 곤충을 잡아먹는 식충 식물도 있어. 유명한 식충 식물인 파리지옥은 잎을 활짝 벌리고 있다가, 잎에 곤충이 내려앉으면 번개처럼 잎을 닫아. 그다음엔 소화액을 분비해서 곤충을 녹여 먹어.

식물은 뿌리박힌 데서 움직일 수 없으니까
바람과 사람, 동물을 이용해 씨앗을 퍼뜨려.

나무는 달콤한 열매로
새를 유인해. 새가
열매를 먹고 똥을 싸면
식물의 씨도 함께 나와.
이런 방법으로 씨앗을
퍼뜨리는 거지.

동물을 이용해서 씨앗을 퍼뜨리기도 해.
동물 털에 단단히 매달려서
멀리 이동하는 거야.

우리 선조들은 먹을 것을 찾아 이동했어.

무리 지어 살기는 했지만, 정해진 집은 없었어. 아직 마을이나 도시도 없었지. 기껏해야 열매를 따고 동물을 사냥하는 것이 다였어. 머물던 곳에 물과 먹을 것이 부족해지거나, 날씨가 너무 춥거나 더워지면 다른 곳으로 떠났어.

이런 떠돌이 생활은 1만 2천 년 전부터 차츰 끝났어. 농사를 짓기 시작하면서 한곳에 뿌리내리게 되었거든. 농경 사회는 서남아시아의 '비옥한 초승달 지대'에서 시작되었다고 해. 이 지역은 물이 풍부하고 땅은 기름졌어. 온화한 날씨와 규칙적으로 내리는 비 덕분이었지. 사람들은 비로소 농사짓고, 가축을 키우고, 튼튼한 집을 짓기 시작했어.

농사를 지으려면 열매를 따거나 동물을 사냥할 때 쓰던 것과는 다른 도구가 필요했어. 그래서 밭을 가는 데 필요한 괭이와 쟁기 같은 도구가 발명된 거야.

사람들이 하는 일도 여러 가지로 나뉘었어. 어떤 사람은 도구를 만드는 금속을 잘 다루고, 어떤 사람은 집 짓는 데 쓰는 돌을 다듬는 재주가 뛰어났지. 사람들은 서로 필요한 물건을 맞바꾸기 시작했어.

금속 같은 원료는 지역마다 골고루 있지는 않았어. 사람들은 먼 거리도 마다하지 않고 다른 지역 사람들과 물건을 교환했어. 이렇게 해서 교역로가 생겨난 거야.

학자들은 나중에 교역로로 오가던 물건에 따라 길 이름을 붙였어. 혹시 실크 로드라고 들어봤니? 실크 로드는 중앙아시아부터 로마까지 이어지는 길고 복잡한 무역로야. 중세의 상인들이 비단이나 소금, 향신료 따위를 아시아에서 유럽으로 가지고 가던 길이지.

그러나 육로는 오가기 힘들고 위험할 때가 많아서, 유럽 사람들은 대안으로 바닷길을 열려고 했어. 이탈리아 사람인 크리스토퍼 콜럼버스, 포르투갈 사람인 바스코 다 가마 같은 탐험가들이 새로운 교역로를 찾아 머나먼 항해를 떠났지.

때로는 이동이 권력을 가져다주기도 해.

사람은 무언가를 가지면 안전하게 지키고 싶어 해. 심지어 더 많이 가지려 들기도 하지. 국가의 영토나 개인의 토지도 마찬가지야.

옛날 통치자들에게 이동은 아주 중요했어. 나라에 문제는 없는지, 법은 제대로 지켜지고 있는지, 직접 가서 구석구석 살펴봐야 했거든. 신하를 보내 세금도 거둬야 했고 말이야. 특히 중세 유럽의 왕들은 수도에만 머무르지 않았어. 여러 지방에 성을 마련해 두고 이리저리 옮겨 다니며 나라를 다스렸지.

지금도 몇몇 나라에는 여전히 왕이 있어. 그들은 전용기를 타고 다른 나라 정치인들을 만나기도 하고, 신문과 텔레비전, 인터넷 같은 매체에서 자기를 드러내기도 해.

옛날 왕들은 권력을 더욱 키우려고 다른 나라를 침략하곤 했어. 그러면 다른 나라의 왕들도 그에 맞서 싸우느라 국경 지역은 처참한 전쟁터로 변했지. 심지어 유럽의 몇몇 나라는 거대한 영토를 차지하기 위해 아메리카와 아프리카, 아시아로 군대를 보냈어.

처음에는 바닷길로 갔고, 나중에는 차량과 비행기를 침략 수단으로 이용했어. 비행기로 공중 포격을 해서 공장처럼 중요한 장소를 파괴하기도 했지. 그러면 상대국의 항복을 받아 내기 쉬웠거든. 요즘에는 심지어 군인 대신 드론을 전쟁터로 보내기도 해.

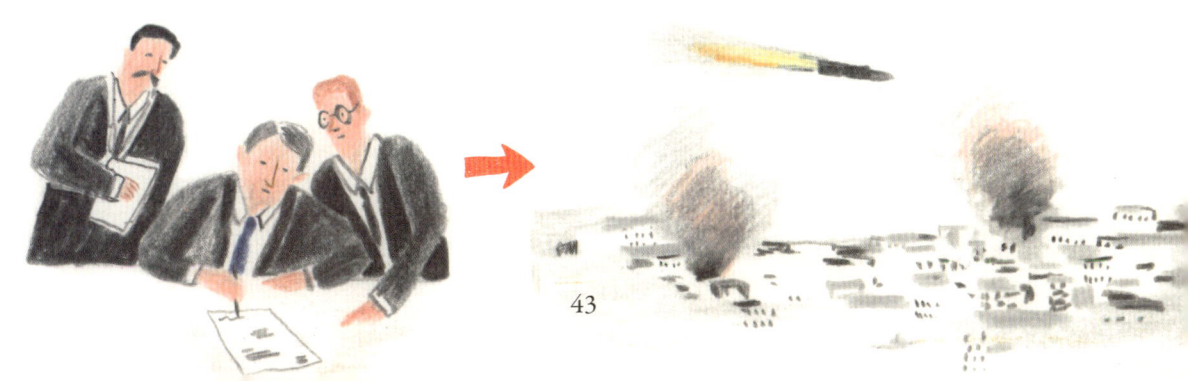

많은 사람이 전쟁 때문에 고향을 잃고 정처 없이 떠돌아.

가난과 기후 변화 때문에, 또는 더 나은 삶을 찾아 다른 곳으로 떠나는 사람도 많아. 전문가들의 말에 따르면 전 세계적으로 1억 명 넘는 사람이 고향을 떠나 떠돌고 있다고 해.

고향의 비참한 상황에서 벗어나려고 위험을 무릅쓰는 사람이 많아. 장벽을 기어오르거나 철조망을 뚫고 국경을 건너. 때로는 몇 주씩 걷거나 작은 고무보트를 타고 바다를 건너기도 해. 가진 것이라고는 소지품이 든 작은 가방이나 배낭, 입은 옷 한 벌밖에 없을 때도 있어.

출신이나 종교, 정치적 신념 때문에 목숨을 위협받는 사람은 다른 나라에서 보호받고 머물 권리가 있어. 이런 걸 '망명'이라고 해.

내일이면 내 글이 신문에 실릴 거야. 그 전에 무조건 도망쳐야 해.

엄마는 그냥 자기 생각을 쓴 것뿐이잖아요.

많은 사람과 단체가 난민을 돕고 먹을 것과 옷, 쉴 곳을 마련해 줘. 고향을 떠날 위험에 처한 사람들을 미리 도울 때도 있어.

종교적인 이유로 먼 길을 떠나는 사람을 순례자라고 해.

순례자는 대부분 걸어서 여행해. 아마 오롯이 생각에 집중하기 위해서일 거야. 그리고 자기가 믿는 종교에서 신성하게 여기는 곳으로 가. 특별한 교회나 모스크, 사원, 성인의 묘지, 또는 기적이 일어났다는 곳이지.
중세 사람들은 속죄나 참회를 목적으로 순례를 떠났어. 또는 심각한 병이 나은 것에 감사하는 마음으로, 아니면 신에게 좀 더 가까워지고 싶어서 먼 길을 떠났지.

오늘날에는 종교적인 이유만이 아니라 삶을 돌아보거나 트레킹을 즐기려고 떠나는 사람도 있어. 기독교를 믿는 사람들에게 가장 유명한 순례길은 산티아고 길이야. 유럽 여러 나라에서 출발해 여러 경로를 거치지만, 모든 길은 스페인의 도시 산티아고 데 콤포스텔라에서 끝이 나. 이 도시엔 예수의 열두 제자 중 한 사람인 야고보가 묻혀 있다고 하는 성당이 있어.

이슬람교를 믿는 사람들에게는 사우디아라비아의
메카라는 도시가 무척 중요해. 예언자 무함마드가
태어난 곳이라 신성하게 여기거든.
무슬림, 그러니까 이슬람교도라면
살면서 한 번은 메카로 순례를 가야 해.
이 순례를 '하지'라고 하지.

힌두교의 성지는 갠지스강이야. 힌두교도는
갠지스강에 몸을 담그면 모든 죄와 더러움, 질병이
씻겨 나간다고 생각해. 가족이 죽으면 화장한 재를
갠지스강에 뿌리기도 하지. 그렇게 하면 죽은 이의
영혼이 구원받을 거라 믿기 때문이야.

유대교 순례자들에게 성지는 예루살렘에
있는 통곡의 벽이야. 이교도들이 파괴하고
남은 옛 성전의 일부지. 많은 사람이
이 벽 앞에 무릎을 꿇고 기도하고 벽 틈에
소원을 담은 쪽지를 꽂아 두기도 해.

불교도들은 최초의 부처이자 불교
창시자인 고타마 싯다르타가 태어난
곳으로 순례를 떠나. 네팔에 있는
'룸비니'라는 곳이야.

5천 년 전쯤 바퀴가 발명되기 전까지 사람은 빨리 이동할 수 없었어.

걸어 다니거나 기껏해야 소, 말, 나귀 따위를 탔거든. 바퀴를 써서 이동하기까지는 수천 년이 걸렸어. 아마 자연에 그렇게 둥근 모양을 한 게 없어서 발명하는 데 시간이 걸렸을 거야.

바퀴의 발명으로 인간은 무거운 짐을 쉽게 옮기고 들판에 있는 농작물도 손쉽게 집으로 나를 수 있게 되었어.

바퀴가 나오기 전에는 통나무 굴림대 위에 물건을 올려 굴리면서 옮겼어.

처음에는 통나무를 잘라 가운데 구멍을 뚫은 모양이었어.

그리고 바퀴 두 개가 나란히 돌아가도록 기다란 굴대로 연결했지.

자전거는 1817년에 처음 만들어졌어. 카를 드라이스라는 사람이 바퀴 두 개를 나무틀로 연결한 이동 수단을 발명한 거야. 그런데 페달과 체인이 없어서, 쳇바퀴 속 다람쥐처럼 양발로 바닥을 밀면서 달려야 했어.

이거, 몸이 덜덜 떨리는구먼!

몇십 년 뒤 핸들과 페달이 달린 자전거가 나왔어. 사람들은 앞바퀴가 클수록 자전거 속도가 빨라지는 걸 보고, 곧 앞바퀴가 엄청나게 큰 하이 휠(high wheel) 자전거를 만들었어. 하지만 얼마 뒤 체인이 나오면서 하이 휠 자전거는 사라졌어. 체인 덕분에 페달을 밟으면 앞뒤 바퀴가 나란히 굴러가게 되었거든. 드디어 우리에게 익숙한 오늘날의 자전거가 탄생한 거야.

철

공기를 넣은 고무

야호!

여행은 오랫동안 신분이 높은 사람들만 누릴 수 있었어.

왕족과 귀족, 성직자 말고는 부유한 상인과 역마차를 끄는 마부만 여행을 다닐 수 있었지. 돈이 있는 사람은 정해진 길을 오가는 역마차의 좌석을 살 수 있었어.

잘츠부르크 1763년

유명한 음악가 모차르트는 어릴 적부터 바이올린과 피아노 연주 실력이 무척 뛰어났어. 모차르트의 아버지는 어린 남매를 데리고 온 유럽을 돌아다니며 연주회를 열었지. 하지만 마차가 달릴 만한 길은 얼마 없는 데다 그나마 있는 길도 흙과 자갈로 울퉁불퉁했어. 비라도 내리면 길이 질척거려 마차 바퀴가 빠지거나 차축이 부러지기도 했지.

역마차가 역에 이르면 마부들은 마차의 말을 바꿨어. 역과 역 사이는 두 시간 거리였어.

바퀴가 부러지면 이틀을 기다려야 했어.

이제 엉덩이가 아파!

가다가 노상강도의 습격을 받을 때도 있었고, 겨울이면 심한 추위에 시달렸어. 결국 모차르트 남매는 병이 들었지.

잘츠부르크에서 뮌헨까지 역마차로 꼬박 이틀이 걸렸어.

오늘날 자동차로 두 시간밖에 안 걸리는 거리를 말이야.

모차르트 남매는 3년 동안이나 길에서 보낸 적도 있어.
독일, 프랑스, 영국, 네덜란드를 돌아다니느라 말이야.

뮌헨

기차는 빠르고 편안하고 환경친화적이야.

서로 마주 앉아 이야기할 수 있고, 기차 안을 돌아다닐 수도 있지. 기차 안에 화장실이 있으니까 기차를 세우지 않아도 돼.

600년 전쯤 철도와 비슷한 나무궤도가 만들어졌어. 나무궤도는 위에 올려놓은 수레가 마차처럼 양옆으로 기우뚱거리지 않아서 무거운 짐을 나르기에 좋았지. 하지만 쉽게 썩는 데다 안정성이 떨어져서 곧 금속으로 대체됐어. 처음에는 궤도 위에 올려놓은 수레를 사람이 밀거나 말이 끌어야 했지. 250년 전쯤 석탄을 때서 나오는 수증기를 동력으로 움직이는 증기 기관이 발명될 때까지 말이야.

증기 기관차는 곧 사람도 실어 나르기 시작했어. 1825년 영국에서 처음으로 상업용 철도를 운행하기 시작했지. 기차가 칙칙폭폭 소리를 내며 움직이니까 많은 사람이 겁먹었어. 심지어 기차를 타면 건강에 해를 끼칠 수 있다고 경고하는 의사도 있었어.

오늘날 열차는 증기와 석탄이 아니라 경유와 전기로 움직여. 가장 빠른 것은 전기로 움직이는 열차야.

기차를 타면 목적지까지 금방 도착해.

자동차로는 다섯 시간

보훔

기차로는 세 시간 반

베를린

기차가 얼마나 빨리 달릴 수 있는지는 궤도 상태와 제한 속도에 달려 있어.

자동차를 타면 집에서 학교나 회사, 마트까지 몇 분 만에 갈 수 있어.

사람이 자동차로 이렇게 빨리 움직이게 된 것은 20세기부터야. 140년 전쯤 독일 엔지니어 카를 프리드리히 벤츠는 최초의 자동차를 만들었어. 바퀴 세 개 달린 마차처럼 생겼지만, 말이 아니라 휘발유 엔진으로 움직였지. 처음에는 많은 사람이 이 느리고 냄새나는 차에 거부감을 보였어. 카를의 발명품이 유명해진 건 그의 아내 베르타 덕분이야. 베르타는 직접 차를 몰고 100킬로미터를 달려서 남편의 발명품이 훌륭하다는 걸 증명했지.

처음엔 아주 부유한 사람만 자동차를 살 수 있었어. 하지만 20세기 중반부터 기계로 생산하기 시작하면서 자동차를 더 싸게 만들 수 있었어. 그때부터 좀 더 많은 사람이 자동차를 타게 되었지.

웩, 냄새나!

자동차에서 나오는 배기가스 때문이야.

자동차에서는 배기가스뿐 아니라 미세 먼지도 나와. 자동차가 달리거나 멈출 때 타이어가 도로와 마찰하면서 생기는 거야. 냄새는 안 나지만, 건강에 안 좋아.

자동차를 움직이는 건 내연 기관이야.

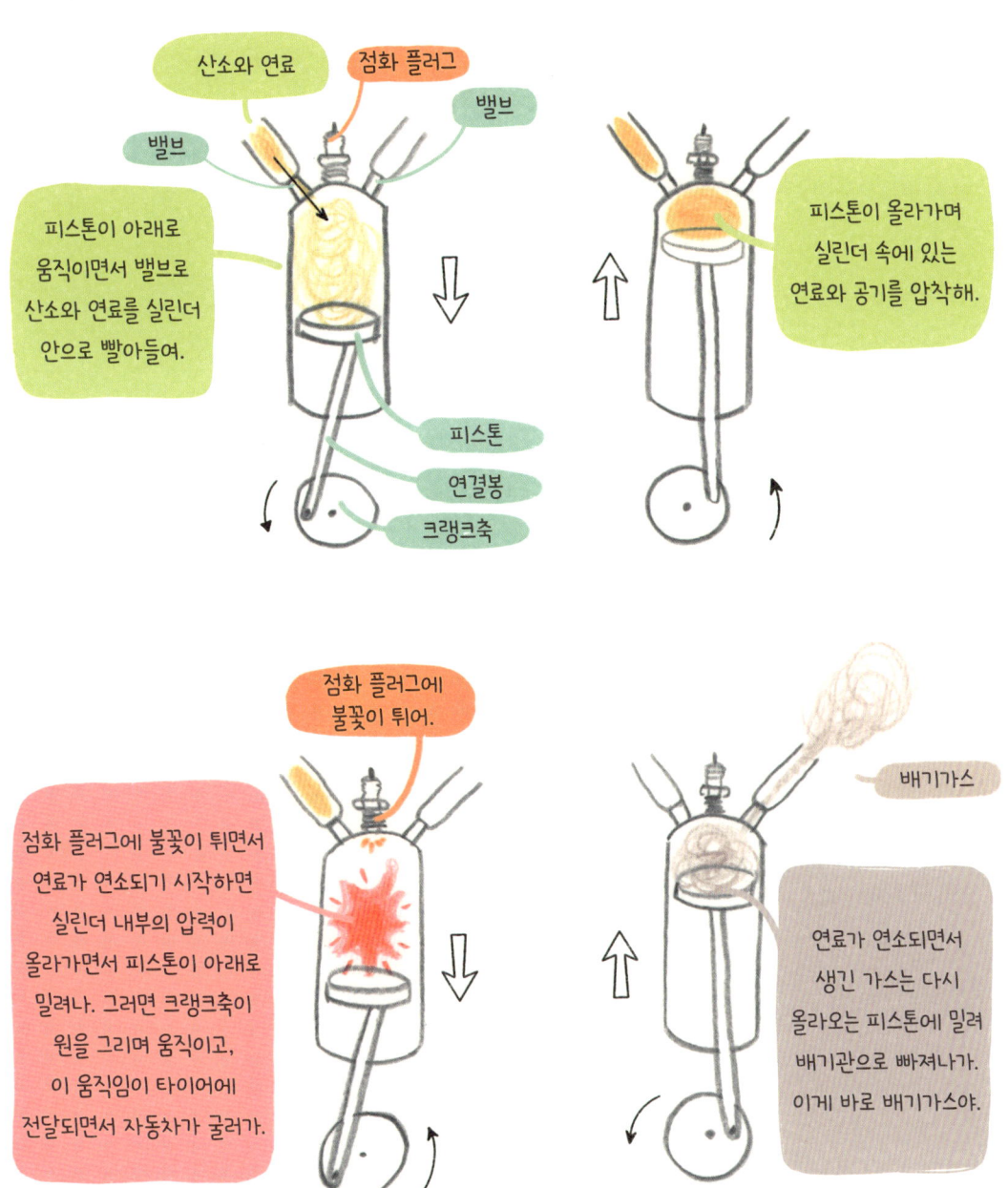

배를 타고 바다를 오가기도 해.

속을 파낸 나무, 서프보드, 거대한 선박의 공통점은 무거운데도 물에 뜬다는 거야. 선박처럼 부피가 큰 것을 강이나 바다에 띄우면 물에 잠긴 부분의 부피만큼 물이 사방으로 밀려나. 그러면 물이 제자리를 찾으려고 다시 밀려들면서 배를 위로 밀어 올려. 이걸 '부력'이라고 해. 부력은 물이 아래에서 위로 물체를 밀어내는 힘으로, 물체의 부피가 클수록 부력도 커져. 반대로 부피가 작으면 부력도 작아지지.

저런 소음을 들으면 물고기가 스트레스 받을 텐데.

요즘은 비행기를 타고 여행하는 사람들이 늘어났어.

비행기는 빠르고 안전하고 비교적 저렴한 교통수단이야.
산을 넘고 바다를 건너 이동하던 때보다 비용이
아주 적게 드는 셈이지. 그 덕분에 비행기는 오늘날
가장 중요한 교통수단 중 하나가 되었어.

수백 년 전부터 사람들은 새처럼
하늘을 나는 꿈을 꾸었어. 많은 발명가가
꿈에 도전한 대가로 목숨을 잃었지. 130년 전쯤
독일의 기계 공학자 오토 릴리엔탈이 최초로
글라이더를 타고 중력과 부력만으로 공중을 나는
활공 비행에 성공했어. 15미터 높이의 언덕에서
뛰어내려 80미터 가까이 날았지.

얼마 지나지 않아 엔진을 단 비행기가 나왔어. 이제 더 멀리, 더 오래, 심지어는 다른 나라로 날아갈 수도 있게 된 거야.
하지만 처음에는 나는 데 오랜 시간이 걸렸어. 1926년 유럽에서 중국으로 가는 루프트한자 항공사의 첫 비행기는 중간에 여러 번 멈춰야 했고 도착하기까지 며칠이나 걸렸어. 지금은 비행기로 유럽에서 중국까지 가는 데 열 시간밖에 안 걸려.

전 세계 사람들이 한 해에 비행기를 타는 횟수는 45억 회쯤 된다고 해. 전 세계 인구는 80억 명에 가깝지만, 그중 대부분은 비행기를 타 본 적이 없다고 하지. 실제로는 10퍼센트쯤만 비행기를 타는 셈이야. 전 세계 인구의 1퍼센트는 너무 자주 비행기를 타기 때문에 모든 탄소 배출량의 절반에 책임이 있어.

← 비상 탈출 로켓

사령선과
달 착륙선

3단 로켓

2단 로켓

1단 로켓

인류는 이제 우주로 눈을 돌리고 있어.

우주로 나아가는 데 가장 열을 올린 나라는 미국과 구소련이야. 1960년대에 두 나라는 정치적으로도 맞서고 있었지만, 우주 개발에서도 서로를 넘어서려고 끊임없이 애썼지. 세계의 주목을 먼저 받은 나라는 소련이야. 1961년 소련의 우주 비행사 유리 가가린이 우주선을 타고 지구를 한 바퀴 돌았거든. 미국은 8년 뒤 닐 암스트롱이 달에 착륙하면서 우주로 나아갔어.

1969년 7월 16일, 미국 플로리다

새턴 5호 로켓은 우주 비행사 닐 암스트롱, 버즈 올드린, 마이클 콜린스 세 사람을 태우고 우주로 발사되었어.

지구에서 달까지의 거리
약 38만km

로켓은 공중에서 1단 로켓부터 차례로 점화되었다가 떨어져 나가. 고도 2백 킬로미터에 이르면 우주선과 달 착륙선만 남지. 그리고 달 궤도에 이를 때까지 사흘을 더 날아가.

국제 우주 정거장(ISS)에서는 세계 여러 나라 과학자가 1년 내내 머무르며 연구하고 있어. 그중에서 가장 중요한 것은 무중력 상태가 사람과 식물에 미치는 영향이야.

언젠가는 누구나 아무 때고 우주로 놀러 가게 될지도 몰라. 세계 곳곳에서 관광객을 우주로 데려가는 프로젝트가 추진되고 있거든. 그런데 이 환상적인 여행에는 치명적인 단점이 있어. 비싼 데다 환경을 파괴하는 거야.

이산화탄소가 늘어나면 기후가 변해. 온실 효과가 대표적이지. 바깥이 추울 때도 온실 안은 따뜻해. 온실에 들어온 태양열을 유리벽이나 비닐이 나가지 못하게 가두거든. 지구 둘레에는 통틀어 대기권이라고 부르는 다양한 기체층이 있어. 대기권은 온실의 유리나 비닐 같은 역할을 해.

지구 표면에 다다른 햇빛이 모두 반사되어 우주로 빠져나가지 못하게 막아 주지. 덕분에 지구 온도가 적당히 유지될 수 있어. 그런데 공기 중에 이산화탄소가 늘어나면 열을 더 많이 가두게 되고 지구는 더 뜨거워질 수밖에 없어.

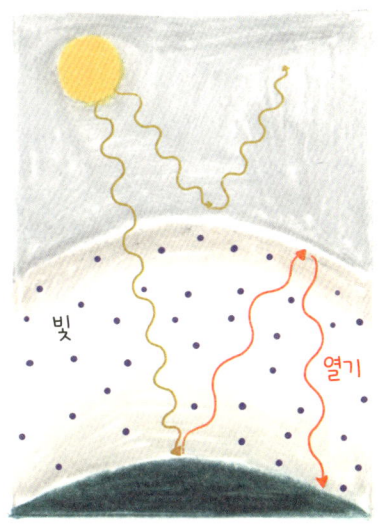

사람과 동식물의 삶에 더위만 나쁜 영향을 끼치는 게 아니야. 기온이 올라가면서 극지방의 빙하가 녹고 해수면이 높아지는 것도 큰 문제야. 해수면이 높아지면 해안 저지대는 물속으로 가라앉을 수밖에 없어. 게다가 극단적인 기상 이변, 폭풍, 가뭄, 홍수가 더 자주 일어날 수도 있어. 모두 기후 변화 때문에 일어나는 일들이지.

우리 모두 매일 이산화탄소를 배출해.

석탄을 태워 만든 전기를 쓰고, 공장에서 만든 물건을 사고, 석유로 움직이는 교통수단을 이용하니까. 2023년 전 세계에서 배출된 온실가스는 368억 톤에 이르러.

온실가스는 에너지를 만드는 과정에서 가장 많이 나와. 석탄이나 가스를 태워서 전기를 만들 때 말이야.

*통계 출처 Climate Watch, the World Resources Institute

73.2%
에너지 생산

에너지 생산에서 온실가스를 많이 배출하는 분야는 산업이야. 철강, 식품, 의약품, 의류, 종이에 이르기까지 우리가 아는 모든 물건을 만들 때 이산화탄소가 생겨.

24.2%
산업(에너지 생산)

교통수단을 이용할 때도 온실가스를 많이 내보내. 자동차, 배, 비행기처럼 석유로 움직이는 교통수단은 모두 온실가스를 뿜어 내지.

16.2%
교통(에너지 생산)

차를 만들 때도 온실가스가 나온대.

도로랑 철로를 만들 때도 나올걸.

겨울이면 건물에서 가스나 기름으로 난방을 하잖아. 그때도 온실가스가 나와.

17.5%
건물(에너지 생산)

농업도 온실가스를 많이 배출하는 분야야. 소는 소화 과정에서 트림하거나 방귀를 뀌는데, 그때 메탄이 나와. 메탄은 이산화탄소보다 지구 온난화를 더 앞당기는 온실가스야.

18.4%
농업

많은 사람이 말해. 이제는 바꿔야 한다고!

'미래를 위한 금요일'은 스웨덴 환경 운동가 그레타 툰베리가 시작했어. 이 시위는 눈 깜짝할 사이에 전 세계로 퍼졌고, 이제 100만 명이 넘는 젊은 환경 운동가들이 참여하고 있어. 이들은 정치인들이 지구 온난화를 막으려는 노력을 하지 않는다며 비판해.

2015년 전 세계 190여 개국 지도자가 파리 협정에
합의했어. 지구 온도 상승을 1.5도로 제한하고,
온실가스 배출량을 줄이려고 노력한다는 내용이었지.
파리 협정에 따르면 나라마다 5년에 한 번 기후 위기를
막기 위한 숙제를 제대로 했는지 보고서를 제출해야 해.
문제는 많은 나라가 목표만 야심 차게 세울 뿐 목표를
달성하지 못할 때가 많다는 거야. 게다가 이산화탄소를
많이 배출한 나라를 규제할 수 있는 법이 없어.

세계 여러 나라의 헌법에는 모든 국민이 쾌적한 환경에서 생활할 권리가 있다고 나와 있어.
전 세계에서 점점 더 많은 사람과 단체가 이러한 권리를 지키려고 나라를 상대로 소송하고
있어. 이미 많은 나라의 법원이 이런 사람과 단체의 손을 들어 주었고. 더 나아가 젊은
세대의 미래를 지키기 위해 나라가 더 큰 노력을 기울이도록 의무화하고 있어.

정치인은 기후 위기를 해결할 정책을 세우고 법률을 제정할 수 있도록
노력해서 상황을 바꿀 수 있어.
이미 기후를 어떻게 보호해야 할지 법으로 정한 나라도 많아.
무엇보다 중요한 건 온실가스를 줄이는 거야.
어떤 방법이 있을까?

몇몇 나라에서는 온실가스 배출에 세금을 부과해.
이를테면 이산화탄소를 많이 배출하는 휘발유를 생산하는 기업은 세금을
많이 내는 거야. 그러면 휘발유 가격이 올라가 소비가 줄어드는 장점도 있지만,
차가 꼭 필요하더라도 형편이 어려운 사람들이 힘들어진다는 단점도 있어.

이러한 '탄소세'가 많은 사람에게 부담이 되지 않도록,
온실가스 배출 세금 일부를 국민에게 공평하게 되돌려주는 방법도 있어.
아니면 대중교통 요금이나 친환경 연료의 값을 내려서 더 많은 사람이
환경을 위해 행동할 수 있도록 이끌 수도 있지.

온실가스를 많이 배출하는 사람은 탄소세도 더 내야 해.
하지만 모두가 국가에서 일정 금액을 돌려받아.

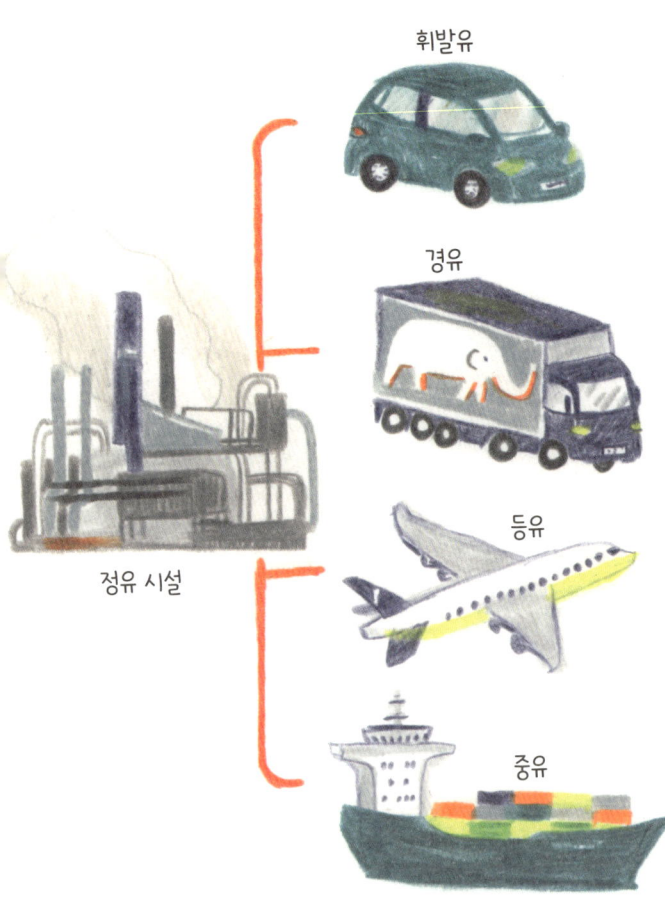

휘발유
경유
등유
중유
정유 시설

도로를 달리는 차는 대부분 휘발유나 경유를 사용해. 선박은 오염 물질이 많이 섞인 중유를, 비행기는 등유를 주로 쓰지. 이 연료는 모두 석유에서 나와. 석유는 매장량이 제한된 데다 채굴에 큰 비용이 들고 환경에도 나쁜 영향을 끼쳐. 석유가 나는 지역도 얼마 없어서 많은 나라가 석유를 수입해 유조선으로 실어 가.
각 나라에 도착한 석유는 정유 공장에서 휘발유나 경유, 등유로 만들어지지. 이런 석유 연료를 태우면 온실가스를 비롯한 여러 유해 물질이 나와서 환경을 오염시켜.

따라서 하루 빨리 대체 에너지를 개발해야 해. 지금도 과학자들은 대체 에너지를 열심히 연구하고 있어. 식물로 만든 바이오 연료도 그중 하나인데, 이걸 생산하려면 엄청난 양의 식물이 필요해. 하지만 모든 나라에 드넓은 초원이 있는 건 아니지.

우리가 먹고 살려면 논밭이 필요하잖아.

숲도 마찬가지야. 그런데도 계속 개간되고 있어!

미래에는 도로에서 나직이 윙윙거리는 소리만 듣게 될 거야.

전기차가 점점 늘어날 테니까.
전기차는 무척 조용한 데다 움직일 때
배기가스를 내뿜지 않아.

그런데 너무 조용한 것도 문제야. 길에서 자동차 소리를 못 들으면 사고가 날 수 있거든. 그래서 유럽 연합은 2021년 전기차에 인공적인 소음이 나도록 하는 규정을 만들었어.

자동차 제조 회사들은 일부러 소음을 만드는 방법을 고민하고 있어. 다만 새 지저귀는 소리나 음악처럼 소음으로 여겨지지 않는 소리는 인공 소음으로 쓸 수 없대.

조심해!

전기차는 어떻게 굴러갈까?

그렇다면 우린 왜 모든 자동차를 전기차로 바꾸지 않을까?

아마 전기차가 아직은 모두에게 실용적이지 않기 때문일 거야.

충전
주유소는 여기저기 있지만 전기차 충전소는 아직 충분하지 않아. 충전소를 더 많이 만들어야 해. 게다가 지금은 자동차에 휘발유나 경유를 채우는 것보다 전기를 충전하는 데 시간이 훨씬 오래 걸려.

주행거리
전기차는 한 번 충전하면 400킬로미터까지 달릴 수 있어. 연료를 가득 채운 휘발유나 경유 자동차는 이보다 세 배는 더 갈 수 있지. 자동차 회사는 전기차의 주행 거리를 늘리려고 하고 있어.

다음 충전소는 대체 언제 나오는 거야?

친환경 전기
이산화탄소 배출을 궁극적으로 줄이려면 전기차에도 풍력이나 태양열로 만든 전기를 써야 해.
지금 우리가 쓰는 전기의 70퍼센트쯤은 여전히 석탄과 석유, 천연가스로 생산돼. 친환경 전기를 효율적으로 공급하는 것도 숙제야.

배터리

배터리도 문제야. 배터리를 만드는 데는 전기가 필요한데, 전기를 만들면서 이산화탄소가 나오거든. 배터리의 원료가 되는 리튬을 채굴하는 데도 엄청난 물이 들어가. 배터리에는 리튬 말고도 여러 가지 귀한 원료가 많이 들어가는데, 이런 원료를 채굴하는 노동자의 노동 조건이 매우 열악한 것도 문제야. 전기차를 만드는 회사에서도 원료를 적게 쓰거나 다른 재료로 바꿔 보려고 노력하고 있어.

배터리는 분해해서 재활용할 수 있지만 분해 과정이 너무 어려워.

생산 비용

전기차 배터리를 만드는 데는 돈이 많이 들어서, 휘발유나 경유 자동차보다 전기차가 더 비싸. 그래서 전기차를 살 때 나라에서 보조금을 줘. 게다가 다 쓴 배터리를 버리는 데도 많은 돈이 들어.

어떤 도시에서는 배기관에서 수증기만 나오는 버스들이 다녀. 이런 수소 자동차도 전기로 움직이지만 전기차처럼 배터리에서 전기를 공급받는 것은 아니야. 이런 버스는 매우 가벼운 가연성 기체인 수소로 전기를 만들어서 움직여.

수소는 내연 자동차의 휘발유와 비슷한 역할을 해. 일단 수소가 연료 전지로 흘러 들어가 산소와 섞여. 그러면 화학 반응이 일어나 전기가 생겨나고, 이 전기가 모터를 돌리는 거야.

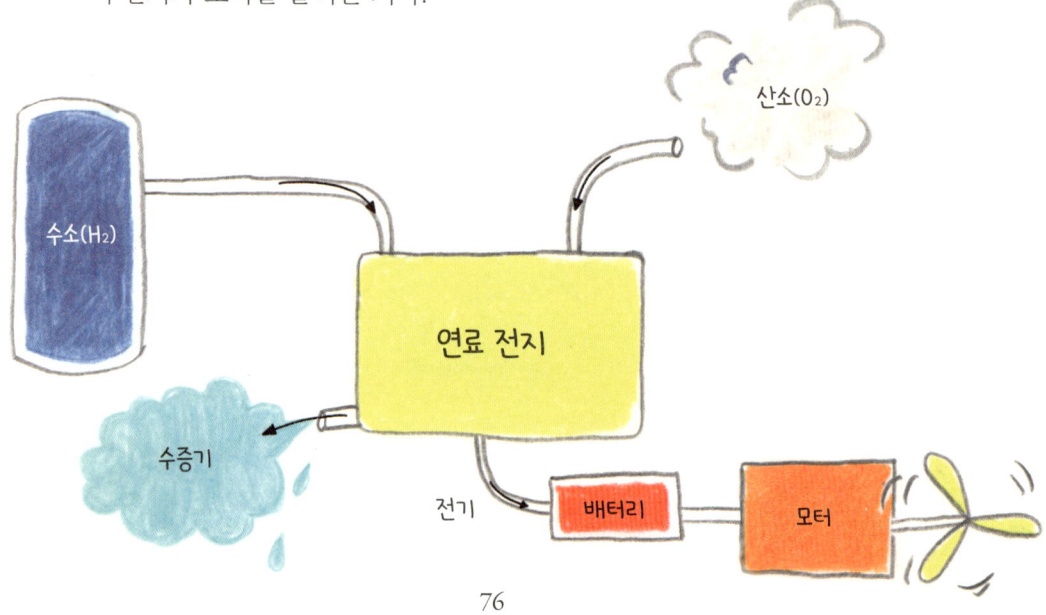

수소 생산은 무척 복잡할 뿐 아니라 전기 에너지도 많이 들어. 수소 자동차가 친환경적인 교통수단이 되려면 지금보다 더 빨리 재생 에너지로 전환해야 해. 수소 자동차는 만드는 데도 비용이 많이 들기 때문에 전기차나 내연 자동차보다 훨씬 비싸. 게다가 지금은 수소 충전소도 거의 없어.

그러니까 에너지를 만들기 위해 또 다른 에너지가 필요하다는 거네?

수소는 기차나 선박처럼 장거리를 이동하는 교통수단에 잘 맞아. 먼 거리를 오가는 대형 운송 수단에는 엄청나게 크고 무거운 배터리를 달 수밖에 없어서 실용적이지 않거든. 수소를 연료로 삼는 게 전기로 움직이는 것보다 장점이 더 많아.

자동차가 많아지면 도로나 주차장도 더 많이 필요해.

지난 10여 년 사이에 자동차 수가 부쩍 늘었어. 소형차뿐 아니라, SUV처럼 큰 차를 찾는 사람도 많아. 그만큼 도로와 주차장도 늘었어.

자동차 좌석은 다섯 개인데, 한 사람만 타고 다닐 때가 많아.

도로와 주차장은 아스팔트나 콘크리트로 덮여 있어. 흙이 거의 없어서 동식물이 살 터전도 사라져 가. 게다가 물이 제대로 흡수되지 않으니까, 폭우가 내리면 하수도가 넘쳐 사방이 물에 잠기기 쉬워. 그것만이 아니야. 아스팔트와 콘크리트가 열을 흡수하는 통에 여름에는 정말 푹푹 쪄.

버스와 전철 같은 대중교통을 이용하는 사람이 많아지려면 어떻게 해야 할까? 사람들이 쉽게 타고 내릴 수 있어야 하고, 정류소 배치와 교통망 연결에 신경 써야겠지. 그러면 자동차보다 대중교통을 더 많이 이용할 거야.

자동차를 위한 공간이 덜 필요해지면, 남는 공간은 자전거 도로로 활용할 수 있어. 아니면 그늘이 되어 주고 이산화탄소를 흡수하는 나무를 심을 수도 있겠지.

자전거를 타고 학교에 가거나 친구 집에 가는 게 불편할 수도 있어.

자전거 도로가 너무 좁거나 없을 수도 있고, 길가에 세워진 차를 요리조리 피해 다녀야 할 수도 있지. 종종 자전거에 바짝 붙어서 지나가는 자동차 때문에 불안할 수도 있어.

유럽에서는 자전거 타기에 더 좋은 환경을 마련하기 위해 아이와 어른이 함께 시위하기도 해. 다 함께 자전거를 타고 따르릉따르릉 종을 울리며 시내를 돌아다니는 거지.

임시 자전거 도로를 만들 수도 있어. 주차 공간이나 자동차 전용 차로에
일시적으로 공간을 마련해서 자전거를 타고 다닐 수 있게 하는 거야.

자동차 주차 공간
한 칸에 자전거가 자그마치
열 대나 들어가!

자전거 고속도로라는 것도 있어. 신호등 없이 자전거가
달릴 수 있도록 만들어진 도로야. 장애물이 없어서
빠르고 안전하게 달릴 수 있어.

자전거 고속도로라서
쌩쌩 달릴 수 있어!

전기 자전거를 산 뒤로는
차가 필요 없는걸.

유럽에는 자전거 천국이라 불리는 나라들이 있어.
덴마크의 코펜하겐에는 자전거 전용 신호등과 다리뿐 아니라
고속도로와 주차장까지 있어. 그러다 보니 절반이 넘는 시민이
자전거를 타고 출근하지. 독일에도 잘 정비된 자전거 도로가
많고, 심지어 도시에 자전거 전용 순환 도로까지 있어.
아이를 태우고 물건을 넣을 수 있는 짐자전거를 타고
다니는 사람도 많아.

많은 생명을 위해 속도를 줄여야 해!

천천히 운전하면 이산화탄소가 덜 발생해. 전문가들은 고속도로의 주행 속도를 100킬로미터로 제한하는 것만으로도 이산화탄소가 많이 줄어들 거라고 말해. 도시에서 자동차가 시속 30킬로미터로 천천히 달린다면 이산화탄소 배출과 소음이 줄어들 뿐 아니라 모든 운전자와 보행자가 더 안전해질 거야.

한국에는 생활 도로 구역이 있어. 보행자가 안심하고 걸어 다닐 수 있도록 자동차가 시속 30킬로미터 이하로 주행하는 구역이지. 독일에서는 시간대별로 차가 다니지 않도록 하는 '차 없는 거리'를 만들기도 해.

스마트폰으로 교통 환경을 바꿀 수 있어.

꼭 자동차를 사야만 운전할 수 있을까? '자동차 공유 시스템'은 이런 궁금증에서 시작했어. 자동차 공유 시스템은 스마트폰 앱을 이용해 원하는 시간만큼 차를 빌리는 거야. 차를 다 쓰고 제자리에 세워 두면 다음 사람이 차를 빌려 가지. 이 시스템은 자전거나 전동 킥보드에도 적용할 수 있어. 다양한 교통수단을 효율적으로 연결하면 앞으로 많은 사람이 자동차 없이도 잘 지낼 거야.

앱에 목적지를 입력하면 어떤 교통수단을 이용해야 가장 빨리 갈 수 있는지 알려 줘. 이용할 교통수단의 위치도 보여 주지.

먼저 자전거를 빌려 타고 전철역까지 가는 거야.

그다음 전철을 타고 몇 정거장을 가.

시골은 대중교통이 불편해. 노선이 짧거나 배차 간격이 아주 길어서 편하게 타고 다니기 힘들지. 버스에 사람이 별로 타지 않으면 운행에 드는 비용보다 수익이 적으니까 잘 다니지 않는 거야. 그래서 시골 사람들은 자동차를 이용해. 이럴 때도 해결할 방법은 있어. 먼저 예약하고, 탈 사람이 있을 때만 버스를 운행하는 거야.

미래에는 자동차 운전자가 필요 없어질지도 몰라.

한국과 일본, 스페인, 핀란드를 비롯한 여러 나라에서
이미 그런 자율 주행 버스가 다니고 있어.

자율 주행 자동차는 운전자 없이
알아서 운전해.

센서는 자동차의 눈과 귀야.
센서가 음파로
주변 환경을 탐색해.

차는 장애물을 인식하면 피하거나
속도를 줄이거나 멈춰 서는데,
사람보다 반응이 훨씬 빨라.

주변 환경에 대한 정보는 자동차의
컴퓨터에 모두 모여. 이 컴퓨터가 핸들과
브레이크, 가속 페달을 조종하지.

자율 주행 자동차의 컴퓨터는 실시간으로 정보를 받아.
교통 정보, 다른 차량의 정보, 신호등에 이르기까지
말이야. 그러니까 가장 안전하고 빠른 경로와
적절한 속도를 계산할 수 있어. 자율 주행 자동차를
타면 교통 체증을 피할 수 있을 뿐 아니라
온실가스도 더 적게 나와.

우리는 인터넷 덕분에 집에서 일하고 공부하고 공연을 볼 수 있어. 먼 곳에 사는 사촌에게 안부를 전하고 멀리 이사 간 친구와 이야기를 나눌 수도 있지. 그런데 인터넷을 해도 온실가스가 나와. 우리가 인터넷을 쓰는 내내 전기 에너지가 소모되거든. 인터넷은 아주 편리해. 그래도 따뜻한 포옹이나 할아버지의 뻣뻣한 스웨터 촉감, 바다 냄새를 대신할 수는 없어.

난 요즘 자전거 타고 학교에 가.

인터넷으로 동영상을 보는 것도 온실가스를 엄청 배출한대.

요즘은 필요한 걸 사려면 집에서 주문하고 배달받아. 미래에는 배달에 드론까지 쓰일 거야. 시간도 아끼고 자동차를 타지 않으니까 온실가스도 줄일 수 있다고 생각할 거야. 하지만 정말 그럴까?
온라인으로 주문하면 상품을 직접 볼 수가 없어. 그래서 많은 사람이 마음에 들지 않는 물건을 반품해. 어떤 회사는 반품된 물건을 그냥 버리기도 해.
이 과정에서 엄청난 양의 이산화탄소와 폐기물이 생겨.

상품을 주문할 때 소비자가 자발적으로 돈을 좀 더 내게 하는 온라인 상점도 있어. 환경 오염을 일으킨 것에 대해 작게나마 보상금을 내는 거야. 기업은 이 돈을 모아 나무를 심는 데 쓴다고 해. 그렇지만 이 나무들이 이산화탄소를 걸러 내려면 몇 년은 더 자라야 하지.

에잇, 너무 작잖아!

인간이 멈추는 날은 오지 않을 거야.

우리는 인터넷 덕분에 집에서 쇼핑도 하고, 수업도 듣고, 일도 할 수 있어. 하지만 친구를 만나고, 세상을 구경하고, 밖을 나다니고 싶은 마음이 사라지지는 않을 거야.

땅 위는 점점 복잡해지고 있기 때문에, 미래에는 하늘을 나는 자동차도 나올 거야. 벌써 에어 택시를 운행하려고 준비하는 나라도 있어. 에어 택시는 작은 헬리콥터처럼 생겼는데, 전기를 써서 날아다녀. 스마트폰으로 예약하면 승객이 원하는 곳에 착륙할 수 있도록 할 거래.

앞으로는 대중교통 수단도 도로 정체와 신호등을 피해 하늘로 다니게 될 거야. 요즘 세계 여러 나라에서 교통 체증을 해결하려고 도심에 케이블카를 설치하고 있대. 자기부상열차를 운영하는 나라도 있지. 다들 도로 위의 공간을 활용해 목적지까지 갈 방법을 연구하고 있는 거야.

미래의 교통수단은 더 빠르고 안전하고 조용해야 하고, 무엇보다도 환경에 해를 끼치지 않아야 해. 우리가 움직이며 살아가는 이 지구가 살 만한 곳으로 남아 있으려면 말이야.

글 **즌케 칼젠**
1985년 독일 함부르크 근처 라인베크에서 태어나 대학에서 독일 문학과 정치학을 공부했습니다. 독일 dpa 통신사에서 수습을 거친 후 베를린 어린이 뉴스 편집국에서 일했으며, 지금은 함부르크에서 저널리스트이자 작가로 활동하고 있습니다. 요트나 서프보드를 타고 물 위에서 움직이는 걸 가장 좋아해요.

그림 **레나 슈테핑거**
1989년 독일 슈투트가르트에서 태어나 대학에서 심리학을 배웠지요. 그 뒤 색연필의 세계에 빠져, 볼로냐에서 일러스트레이션과 그래픽노블을 공부했습니다. 지금은 함부르크에 살면서 어린이와 어른을 위한 책을 쓰고 그림을 그려요.

옮김 **박종대**
한국에서 독문학을 전공한 뒤 독일 쾰른에서 문학과 철학을 공부했어요. 환경을 위해 어디까지 현실적인 욕망을 포기할 수 있는지, 어떻게 사는 게 진정 자신을 위한 길인지 고민하는 제대로 된 이기주의자가 되고자 합니다.
지금까지 《1도가 올라가면 어떻게 될까?》,《왜지? 끌려!》,《스마트폰을 쓸 때도 물이 필요해!》,《청소년을 위한 환경 교과서》,《미친 세상을 이해하는 척하는 방법》,《데미안》,《수레바퀴 아래서》들을 번역했습니다.

똑똑교양 깊고도 넓은 교양의 세계로 들어서는 첫걸음!

라면을 먹으면 숲이 사라져

최원형 글 | 이시누 그림 | 펴낸날 2020년 10월 23일
165×225mm | 값 13,000원 | ISBN 979-11-5836-207-2 74530
주제어 환경, 생태, 지구, 생명
교과 연계 과학 3-2-2 동물의 생활, 과학 3-2-3 지표의 변화, 과학 5-2-2 생물과 환경, 과학 6-2-5 에너지와 생활

오늘 내가 입은 옷, 오늘 내가 먹은 라면, 오늘 내가 즐긴 돌고래 쇼가 다른 생물과 환경에 어떤 영향을 끼치는지 보여 주는 책.

1도가 올라가면 어떻게 될까? – 기후 변화의 모든 것

크리스티나 샤르마허-슈라이버 글 | 슈테파니 마리안 그림 | 박종대 옮김
펴낸날 2022년 3월 20일 | 165×220mm | 값 15,000원 | ISBN 979-11-5836-311-6 74450
주제어 기후변화, 환경 보호, 날씨, 지구 온난화, 온실 효과, 쓰레기
교과 연계 과학 3-2-3 지표의 변화, 과학 5-2-2 생물과 환경, 과학 6-2-5 에너지와 생활

과학·문화·역사·지리적 관점에서 살펴본 기후 변화의 모든 것을 어린이의 눈높이에 맞춰 정확하고 친절하게 설명한 책.

스마트폰을 쓸 때도 물이 필요해!: 그 기원에서 쓰임까지 물에 관한 모든 것

크리스티나 슈타인라인 글 | 미케 샤이어 그림 | 박종대 옮김
펴낸날 2022년 5월 15일 | 165×220mm | 값 15,000원 | ISBN 979-11-5836-321-5 74400
주제어 물, 환경, 지구, 기후 변화, 물 절약
교과 연계 과학 4-2-2 물의 상태 변화, 과학 4-2-5 물의 여행, 과학 6-2-5 에너지와 생활,
사회 6-2-1 세계 여러 나라의 자연과 문화

과학에서 역사, 문화, 환경에 이르기까지 다방면에 스며 있는 물 이야기를 어린이의 눈높이에 맞춰 들려주는 책.